Jon Scieszka's Trucktown
en Calle de la Lectura

ERNESTO EXCAVADOR

PEARSON

Glenview, Illinois • Boston, Massachusetts • Chandler, Arizona
Shoreview, Minnesota • Upper Saddle River, New Jersey

Ernesto cava.

Ernesto cava solito.

Ernesto cava muy solito.

Ernesto mete, mete la pala.

Pasa un minuto.

Ernesto cava una tonelada.

¿Ernesto?